Gedichte und Moritaten

aus
"Hädefeld" und dem Spessart
vom
Mundartdichter
Edwin Brod (*1931)

Bänkelsänger
aus
Marktheidenfeld
am Main

© 2010 Edwin Brod
97828 Marktheidenfeld
Herstellung und Verlag:
Books on Demand GmbH Norderstedt
ISBN 978-3-8391-6663-5

Inhalt

So etwas wie ein Vorwort oder in der Art...

Mir höm ä fürchterlichi, awer schöni Mundart.
Ich kumm aus Hädefeld.
Mei Vadder lorbst.
Mei Modder lorbst.
Mei Brüder alli drei.
Bloß ich lorbs nit..
Ich konn frei rausg´ sach:
"Rowert, rühr dan Reisbrei rüm!"

<u>Übersetzung:</u>

Wir haben eine fürchterliche, aber sehr schöne Mundart.
Ich komme aus Marktheidenfeld am Main.
Mein Vater lorbst
Meine Mutter lorbst
Und auch alle meine drei Brüder.
Nur <u>ich</u> selber lorbse nicht.
Ich kann gerade heraus sagen:
"Robert, rühr den Reisbrei rum!"

Deutsch und Mundart -
eine Marktheidenfelder Geschichte

In deutsch:

Der Andreas Brod hatte unterhalb des Bahnhofes in
Marktheidenfeld ein Obstgrundstück.
Zum Ausschneiden der Bäume trug er einmal eine ganz
lange Leiter über die Brücke, an deren Seite damals noch
die Telegraphendrähte hingen.
Beim Vorbeigehen stieß er versehentlich mit der Leiter an
diese, worauf es in ganz Marktheidenfeld klingelte.

In Mundart:

Der Brode Andres hot domols
düwe die Boo ä Baamstück g´hat.
Wie er ämol die Baam hot schneid wöll,
hot er sei langi Lädder, die mit dare 33 Sprosserli,
uff der Axl über die Brücke nüügetrache.
Domols senn awer no die Delegrafedröhd
aa nawe der Brücke nüü un rüü gange.

Un wie der Andres mit seiere Lädder do widerkumme is,
hot´s in ganz Hädefeld -R-R-R-R-R-R- gemacht.

Die Lorbser

Scho vor bald zwätausend Johr,
es höm sich no die Römer in der Gäichnd rümg´hawe,
kä Karscht war no do - un aa no kä Lohr,
do hot´s in Hädefeld scho Lorbser gawe.

Alti Germane warn hier g´sasse,
Tag un Nacht höm sie Wildsäu g´frasse,
g´suffe dazu ä Met-Gebräu
und ´s Lorbse war ihr Kriegsgeschrei!

Als dann die Römer machten Krawall
un wöllte die Gäichnd erober schnall,
höm die Lorbser aus Hädefeld
zu sich g´sacht: Des werd abg´stellt!

Un sie senn dann ganz verwäiche
dam Varus un sei´re Bande entgäiche,
höm die Zee gezeicht, un schau -
erlich gebrüllt. "Römer rau!"

Die ware dovo ganz entsetzt,
senn über Stouck un Stää gewetzt
un höm ihr´n Limes, zu rette die Haut,
weit weg von Hädefeld gebaut.

Die Lorbser degäiche höm sich racht g´fräät,
die Lermann, die Brod, die Englert, die Väth
un alli anneri - un war´n sich ääns:
Mir tue lorbs, lobst sonst aa kääns!

Des höm sie sou g´halte bis in unnere Zeit.
Awer wenn de jetz rümhörst: Mit´m Lorbse fehlt´s weit!
Alles regeneriert, sogar aa hier;
kä Sau red´t mehr Hädefeld´risch mit dir!

Schad is des, schad. ´S Lorbse vergeht
un nit emol en Lorbserbrunne uff´m Marktplatz steht.
Schad is des, schad. Bloß in Hädefeld
hätt´s souwas gawe. Sonst nit uff der Welt.

Ehe

Der Peter tat um die Hanni werb:
"Heier mich, sonst muss ich sterb!"
"Ich will aa alli Ärwert mach,
du sollst di bestimmt kää bissle plaach!"

"Ich houl dir Houlz mit´m Wachele bei
un schor än Garte, fütter die Säu
un tu dir alles, gab mer´s bloß oo!"
Was wöllt sie mach??? Sie nimmt dan Moo!

Es is bloß äänehalbjohr speter,
do kümmt der Dummerkeil, der Peter
owends aus´m "Schwone" quer
un aus´m Waald kümmt die Hanni doher,

mit Houlz uff´m Wache un Prüch´l un Reisi
zum Schüre dehömm. Sie war scho fleißi.
Der Peter steht erst ganz bedröpflt do
un fengt dann gleich zu schenne oo:

"Du olwer´s Luder, wart´s halt aa,
bis ich des Houlz besorgt dir haa;
Dauernd pressierste, wie ä Gääß ä hääßi
un rennst un schaffst- für die Katz - was wäß i?"

Do flennt die Hanni: "Moo geh doch emol hömm,
dann siehste, dass mir ness mehr zum brönne höm!"
Do reißt der Peter die Aache uff - sou groß- heut kanner´sch:
"Zum brönne höm mer nes dehöm? Ja dann is des was annersch!"

Vernäscht

ca. 1977

Die Ruppertskinner senn ihrer drei:
Die Maari, der Wilhelm, der Sepp.
Sie höm ä paar Äcker un än Houf debei
un müsse halt schlaacht un raacht leb.

Zum Heiern is käns von danne drei kumme.
Mer wäss jo, wie´s sou geht:
Erscht hässt´s der oder die wird nit genumme
un schpeter war alles zu schpet.

No senn sie halt alli drei läidi gebliewe,
mer konn jo sou aa leb,
un höm ihr Landwirtschaft betriewe;
die Maari, der Wilhelm, der Sepp.

Die Buwe höm Acker un Staal versorcht
un Futter un Gaald gebrocht.
Die Maari hot dehömm rümgeworcht
un für´n ganze Haushalt gekocht.

Äämol häult sie die Nachbari oo:
(un kurz druff wäss´s die Gemää!)
"Alli Tach wölle sie Bohnsuppe haa,
sou vernäscht senn die Buwe, die zwää!"

11

Fraa vor´m Spiegel

Die Fraa steht vor´m Spiechel,
die Hoor wie en Ichel,
die Aache schäpp nau´s,
die Ohre - ein Graus,

Die Wänglein durchfurcht von tiefen Falten.
DA kann sie sich doch nimmer halten
un säicht, un pfetzt ihr Gosche z´samm:
"DIE GÖNN ICH DAM!"

Gestatten?

Zufällig im "Grüne Baam"
kamen mal zwei Herren z´samm;
aßen, tranken, - und mitunter
unterhielten sie sich auch ganz munter.

Bevor der eine dann fuhr weiter,
stellt er sich vor: "Kunz - Damenschneider!"
"Oh", meint der andre: "Meiner Treu,
Ich bin auch Schneider - ich schneid Säu!"

Jaja, des Heinzle!

(Gedicht von ca. 1950)

An einem lachend Frühlingstag,
die Sonne schien schon schön,
da wollt der Schnorremüllers Heinz
wohl in den Wald reingeh´n.

Es war im Jahre neununddreißig
er konnte kaum schon zähl´n bis drei.
Da sagt der Heinz: "Heut senn mer fleißig",
denn auch ein Mägdlein war dabei.

Sie gingen beide Arm in Arm
und schauten recht oft um,
ob nicht nach ihnen der Gendarm
oder der Waldschütz kumm!

Doch war jetzt in der Morgenfrühe
nichts zu sehen weit und breit.
Nur auf der Wiese ein paar Kühe,
die kauten in Zufriedenheit.

Da spricht der Heinz mit frohem Sinn:
"Mir sinn allein, Elise;
Is weiß im tiefen Walde drin
´ne wunderssöne Wiese.

Do denn mer hi, do sieht uns denner,
do senn mer völlis unverstört.
Mir müsse bloß no leiser deh,
dass uns nit die Waldhex hört!"

Also schlichen die zwei auf leisen
Sohlen durch das Dickicht hin;
sie hatten beide gar nicht´s and´res
als nur die Wiese stets im Sinn!

Und endlich, so nach sechs Minuten,
da lag die Wies´ in ihrer Pracht;
von Morgensonne überflutet,
dem Heinz das Herz im Leibe lacht:

"Ssau nur, Elise, diese Wiese
hat mir gezeigt mal meine Mutter.
Auf dieser Wiese, o Elise,
da dibt´s das ssönste Hasenfutter."

Schon knien sie da und grasen Gras
viel schneller als die faulen Kühe.
Das Säckchen war schon halber voll;
Der Heinz schaut in die Höhe!!

"Elise, hors, is hör was dnacken,
Duck mol hi, dort dümmt en Mo!
Du, binn mol snell en Snüdl ssu
sonst ssecht er uns no o!"

Lüüche

Die Käth is fei scho ä racht´s Lüüchemaul
un im Leutaustrache gar nit faul!
Kaum schnappt sie was uff - gleich werd´s verbouche
un e weng durch´n Draak gezouche

un weiterverzäilt der Nachbari schnall,
bekannt isses ä Stunn druff überall.
Un die Gosche werd franzi von früh bis spät;
Ja, ja, es is scho ä Luder, die Käth!

Vor 14 Tach höü i sie doch emol g´fröcht,
worüm sie dann dauernd sou viel Lüüche mecht?
Do grinst sie mi oo un guckt e weng schepp:
"Ich sach jedesmol vorher: Mer söll´s nit gläb!"

Klassentreffen

Beim Klassetraffe im letzte Johr
stellt sich bei mir doch sou änner vor
un säicht: "No Edwin, du altes Haus,
dir gehe fei fest die Hoor scho raus!"

Ich guck dan oo - un wäss nit wie -
wu steck ich bloß dan Kärle hie?

Ich sinn un sinn -- uff ämol wird´s Tach!
Der Heini isses, zum Dunnerschlach:

"Mensch Heini, wu kümmst dann du her, aus welchem Eck?
Dass du no lebst - ja verreck!"

Tragödie am Dillberg   20.02.1955

Wer schleicht sich so spät über´n Dillwi nach Haus?
Der Greser´s Sepp ist´s, hot Angst wie ä Maus!
Zu zweit war´n sie in Lengfurt auf´s Schlachtfest geladen
höm g´frasse un g´suffe - sehr zu des Gastgebers Schaden.

Zuviel höm sie vom gute Moust dort probiert
un ihn, Früh gäiche drei, in de Glieder g´spürt.
Sie nahmen in die Hand die Gräitelbrühkannen
und zogen unter Singen und Stolpern von dannen.

Weil ihnen jedoch die Stross am Mää war zu weit
und sie der lange Weg gereut,
höm beide übereingestimmt,
dass man dan Pfad über´n Dillwi nimmt.

Doch kaum senn sie dort endlich uff der Höh,
do plärre sie scho "Oh Graus" und "Oh Weh!"
Die Nääwl senn kumme von ouwe un unne
un die zwä höm kän Waach mehr g´funne.

Stouckfinster war's. - Unter Wut und Fluchen
mussten sie sich den Weg durch die Äcker suchen;
Sie irrten dahin unter Zittern und Zagen,
kaum konnten sie die Kannen noch tragen!

17

Dem Sepp jagen die Schauer den Rücken hernieder -
er bibbert und stöhnt: "Den Waach geh ich nie wieder!"
Daa! Plötzlich - vor ihnen - vom Nebel umwoben,
raschelt´s im Gebüsch, dass die Blätter stoben!

Dem Sepp sein Herz blieb steh´n - vor Schreck
und dem Anderen blieb die Spucke weg.
Sie standen still mit knotternden Schlien -
gelähmt die Füße - man konnt´ nicht mehr fliehen!

Und daa! - Ein grausiges Toben und Krachen
und sogleich ein garstiges, scheußliches Lachen!
Es packt die Angst sie mit aller Macht -
doch der Mohrehannes nur noch teuflischer lacht
und springt dem Sepp mit wonnigem Entzücken
vom Baum herunter auf den Rücken!

Ein schriller Schrei! - Ein Satz! - Ein Sprung!
Die Kanne mitsamt dem Sepp fällt um.
Er stöhnt nur noch: "Oh Schreck -- o Graus!"
Denn seine kostbare Gräitelbrüh lief aus.

Den Anderen in großen Sätzen,
sah man den Dillwi hinunterhetzen -
und der Sepp, in seiner Not,
rast ihm nach, durch Matsch und Kot.

Er tat seine Flucht zur äußeren Mühle lenken,
in seiner Rechten sah man ihn die Kanne schwenken.
Sie fanden sich wieder am Bach an den Erlen,
der Schweiß stand an den Beiden in Perlen.

Und unter den Erlen am Erlenbach -
da lag der Sepp schon wieder flach!
Aber diesmal nicht im Dreck auf der Erde,
sondern im Wasser - auf dass der Kerl wieder sauber werde!

Er schrie Zeter - und SOS - und Mordio:
"Mensch, houl mir rau - do ersauf i jo!!"
Der Andere packt ihn mit der Hand am Genick
und ziecht ihn auf die Wiese zurück.

- - -

Vorbei war der Rausch. Sepp war wieder munter,
das Wasser rann ihm in Strömen herunter.
Bang schlich er nach Hause, bedrückt und noch mehr!
Jedoch seine Gräitelbrühkanne -- die war leer.

Ehepaar

Der Heinz mit sei´re Ursula
senn seit Johre Moo un Fraa.
<u>Er</u> is ä Monnsbild, wie mer´s braucht,
bei <u>Ihr</u> is es G´sicht - e weng verstaucht.

An Silvester höm sie aa e bissle g´feiert;
Do fröcht sie:
"Gall, Heinz, host mi <u>nit</u> aus LIEBE g´heiert!?
Do is der Heinz erst richti baff.
Dann tut er sich zusammeraff -
Es hot ihn doch e weng gejuckt:
"Hoste scho widder nei´n Spiegel geguckt?"

Missverständnis

Der Sepp sieht sunntachs nach der Kirch
zufällich sei´n Kumpel, den Hansles-Jörch:

"Das is jo schö, dass ich dich traff,
sonst hett ich no zu dir müss laff!

Ich will dir g´sach, es is sou weit:
Zwähunnert Euro, ohne Streit -
bin eiverstanne mit mei´re Fraa -
die Sau, die konnste ha!"

Super´gscheiti

Da behaupte doch manchi,
sie täte ganz fest uff´m Boude steh.
Ja sach mer doch emol,
wie wölle die bloß ihr House rauszieh?

Vielleicht über´m Kopf?
Die wäre sou gescheit!
Wenn des nur bloß im G´sicht --- kä brauni Sträffli geit!

Do kümmt mer fei arch in Überläichungsnöt -
zuu g´scheit is aa scho widder blöd!

Hädefeld

Also, Hädefeld, des is scho schöö.
Es liecht wie hiegebrätt om Mää:
Du frääst di jedsmol widder neu,
ob de von Karwi kümmst oder vom Spassert rei.

Aa wenn de vom Kreuzberg abischlappst
oder über´n Dillwi tappst;
wenn de über die Brücke gehst
un die alte Haüsli siehst

un ganz ruhig fließt der Mää:
des Stadtle liecht fei wirkli schöö
mit Berg gerohmt ringsaußerüm
wie´n Pfankl in der Pfanne din.

Die Sun scheint wärmer un lenger als
wu annerscht. Meistens jedenfalls.
Doch wenn´s nit sou viel Auto gäb
wär´s nit verkehrt, ihr könnt mer´s gläb!

Guckst du dich in der Altstadt um,
siehste manche Vergewaltigung.
Un doch --- ich fühl mich nit allää:
Hädefeld is trotzdem schöö!!!

"Tracht"

Wie die Frau Müller 90 war,
hot nadürlich, wie sich´s g´hört,
nawe der Gradulante-Schar
der Bürchemäster graduliert.

Verwandtschaft, Presse, Freunde all,
die hockten da und soffen.
Um ´halwerzwölf uff Knall und Fall
is der Bürchemäster fortgeloffen:

"In Glasefeld", so sagt er, "ist
heut Trachtenfest; es ruft die Pflicht!
Muss meine Grafschaftstracht anzieh´n,
´ne Tracht habt ihr ja nicht!"

Do hot sich awer mein Stolz gemeldt:
"Sie müsse falsch do liech!
Sie könne aa in Hädefeld
ä "Tracht", ä schöni, kriech!"

Schabernack

Do hinne der Tenne war scho manchmol was los!
Ä Runde, im Witz- un Sprüchmache groß
hockt saufend un lachend allnächtlich beinanner,
ä jeder wäss öbbes, un ä Wort geit´s anner.

Owends waren die uffgeweckt,
höm sich un anneri geneckt,
höm lang gebraucht bis zum letzte Bier -
mit einem Wort: - Sie war´n von hier!

Der Ernst - des höm sie all gewüsst,
hot übern Kreuzberg hömgemüsst,
un wie der grad im Klo was vollbracht,
höm doch die Seckl was ausgemacht:

"Heut nachts, wenn er hömgeht, do krieche mer´n dro!
Der Andres stellt sich hinner die Hecke do -
Un kriecht ä Duuch rüm - un schreit zuletzt -
ihr söllt ämol sah, wie des Ernstle wetzt!"

Es is sou weit, der Ernst is dro,
er läfft durch die Kreuzberchshouhle naa -
und plötzlich - hinter´m Busch herfür,
schwebt so ein weißes Ungetier …

Der Andres in´m Betttuch, es G´sicht geweißt -
er zittert vor Uffräichung wie im Fieber
und schreit: "Huhhuh - ich bin ein Geist!!!"
Doch der Ernst säicht bloß: "Ä Mensch wär mir lieber!"

Möhre wachse! 1979

1. Im Frühjahr, wenn der Schnee vergeht,
und´s wird so langsam März,
wenn der Seidelbast im Wald draus steht,
vom Spessart her der Westwind weht,
dann kribbelt dir das Herz:
Da musst du gleich nein´n Garte geh,
du musst ganz äfach naus,
musst schor und rachl, hack und säe,
sonst hältst es nömmer aus!

Refrain: *Du Garten, bist mein Elixier, du machst mir grosse Fräd.*
Am liebsten bin ich nur bei dir, von Früh bis Owends spät!
Radiesli, Blume und Gemüs, Erd- und Johannisbeer,
Kohlrabe, Bohne, Haselnüss, nur euch, euch lieb ich sehr!
Tut auch der Buckel weh, und Hals und Arm und Haxe:
Du kleine Möhre, wachse!

2. Senn die Eisheilige vorbei,
dann geht's erst richtig los.
Do musst du schaff gar vielerlei,
wo fängst du oo dann bloß?
Die Bohne müsse gstopft werd schnall,
die Grumbirn geh´n scho uff,
des Unkraut wechst und am Blumekohl
muss ä Hampfl Dünger druff!

Refrain: Du Garten bist mein Elixier...

26

3. Ist dann die Erdbeerzeit vorbei,
und´s wird so richtig hääß,
dann musste aa in´n Garte nei, läfft aa dävoo der Schwääß!
Du musst doch giss und Rase meeb,
un des Unkraut rausreiß,
sprötz - und nochmol Radiesli seeb!
Nei die Ärwert könnste...
Refrain: Du Garten bist mein Elixier...

4. Im Herbst ist große Erntezeit,
das Laub wird langsam bunt.
Da könnt ihr nei die Händ spätz, Leut,
denn jetzt geht´s nochmol rund!
Müsst rümgrab und Mist nei dazu,
da werd dir´s richtig warm.
Doch endlich heißt´s: O Garte, du,
jetzt leckst´e mich am Arm!
Refrain: Du Garten bist mein Elixier...

- - -

5. Doch im Frühjahr, wenn der Schnee vergeht,
und´s wird aa wieder März,
wenn der Seidelbast am Wald draus steht,
vom Spessart her der Westwind weht,
dann kribbelt wieder´s Herz:
Da musst du gleich nei´n Garte geh,
du musst ganz äfach naus,
musst schor und rachl, hack und säe,
sonst hältst es nömmer aus!
Refrain: Du Garten bist mein Elixier...

Berliner Geschichte

Als der erste Frankenwein
mit dem Fuhrwerk kam herein
anno 1810 In die große Stadt Berlin,
sprach der Bürgermeister Ruck
nach dem ersten großen Schluck:
"Dieser Wein ist für Berlin
eine gute Medizin!

Weil so sauer ist das Zeuch,
trink es schnell ein jeder gleich!"
So taten sie. Man konnt´s gleich seh´n,
wie´s ihre Gosch tat zammezieh´n!

War das bei denen eine Freude:
"Wir sehn ja aus, wie normale Leute
und können so wie andre sein,
es lebe hoch der Frankenwein!"

Ein paar jedoch sind dabei gewesen,
die wollten keine Arznei genießen:
"So´n ollen Essig, den trinkt nur allein,
bleibt uns von der Pelle mit eurem Wein!"

So sprachen sie, die Undankbaren,
die auf den Geschmack nicht gekommen waren.
Mer kennt sie glei rau! Nämli wenn´s
sou großi Gosche höm - die senn´s!

Wir danken   1977

Danne Mönch in Holzkirche hömmer fei viel zu vodanke;
nämli die höm en erste Rebstouck gesetzt in Franke!

Die hömm uns gezeicht, dass do Träubl dro wachse, ganz
pappig-süß
un dass dann Saaft raukümmt, wemmer die stampft mit der
Füß!
Die hömm uns die ganze Ärwert drüm und dro gelehrt:
Des Kaalerbaue, des Faassmache. Bloß nit, wie mer dan Wei
vermehrt.
Dorin war´n sie zugeknöpft, die Benediktiner, die liewe!
Un es is aa (sie höm´s wenigstens gemänt!), ihr Geheimnis
gebliewe.

Wenn mir jetzt beim Schoppe sitze, un singe, un lache
un tun seeliche Blödsinn mache,
un senn uffgedreht, mir schwerblütiche Franke,
denkt emol dro: Des hömmer danne Mönch zu vodanke!

Papierpresse

In Hom´rich wird Papier gepresst
und Pappendeckel fabriziert..
Erst wird zerrissen und genässt,
gemahlen auch und rumgerührt.

Sobald die Farbe zugesetzt,
der Schöpfungsakt wird angegangen,
danach das Wasser ausgepresst,
der Rest im Boden aufgehangen.

Dort hängen die Blätter dann lange Zeit
und dorren im Windhauch vor sich hin
und schmachten und lechzen nach Feuchtigkeit!
Kein Wunder - Es sind ja auch Lumpen drin.

Presse und Wein

Die Kelter presst die Traube gut
und Wein wird draus, der Klare.
Aus andrer Presse tropft das Blut,
davor uns Gott bewahre.

Dagegen gibt's auch schlechten Wein
und wunderbare Bücher.
Vielleicht liegt der Genuss allein
nur am versoff´nen Zecher?

Schon Ludwig Erhard sah es ein:
Maßhalten ist das Leben!
Ein gutes Buch und 1 Maß Wein -
Was kann es bess´res geben?

Wein

1. Trinkst du einen Schoppen Wein,
wirst Du immer fröhlich werden.
Keine Macht kann auf der Erden,
stärker als der Rebsaft sein!

2. Es wird heller um Dich sein
und die Sorge muss entfliehen,
trinkst Du nach des Tages Mühen
einen Schoppen Frankenwein.

3. Schon in Kanaa hat der Herr
lächelnd uns den Rat gegeben:
Guter Wein gehört zum Leben;
Herr, wir danken Dir dafür.

4. Freunde, Brüder, schenket ein,
unser ist die reinste Wonne!
Schlürfen wir das Kind der Sonne:
unsern edlen Frankenwein.

Frankenschoppen

1. Ich bin das ganze Jahr vergnügt,
ob das an unser´m Weine liegt?
Seh´ ich am Weg ein Wirtshaus steh´n,
kann ich daran vorbei nicht geh´n,
kann ich daran vorbei nicht geh´n!

2. Ich komm herein, die Wirtin lacht
und hat sogleich den Wein gebracht.
Ich halte dran die Nase mein
das muss ein guter Schoppen sein!

3. Ich koste, schlürfe von dem Nass,
O hätte ich davon drei Fass!
Es rinnt mir in den Hals hinein;
der nassgeword´ne Sonnenschein

4. Die Sinne sind auf Lust gestellt,
wie herrlich ist doch diese Welt!
So recht kann ich nur fröhlich sein,
bei einem Glase Frankenwein.

5. Verzaubert mich der Rebentrank:
O Herr ich habe nichts als Dank!
Erhalte mir die Liebste mein
und ewig meinen Frankenwein!

Elendsviertel

Wer in der Pfalz en Schoppe bestellt,
kriegt gleich en halbe Liter hieg´stellt.
Bei uns is en viertel Liter en Schoppe.
Trotzdem tun uns manchi Wirt noch foppe

un stelle uns bloß zwä Zehntel hie
von dare gute Traubebrüh.
Geht´s danne Wirt sou elendiglich,
dass sie müss bleibe unnerm Strich?

Ich gläb des kaum. In jedem Fall
därfste defür noch mehr bezahl!
Es senn scho armi Leut, die Wirt´l:
Ausschenke tun sie ELENDSVIERTEL!

DAS (Marktheidenfelder) LIED VON DER GLOCKE! ca. 1950

Bumm und päng und päng und bumm
scheppert es vom Turm herunter!
´Ne Gasflasch und ein Schienentrumm,
die spielen Glocken! (Welch ein Wunder)

Sie bellen schon seit vielen Jahren
hinreißend, grässlich, ohne Kraft;
Und zwar, seit man in Kriegsgefahren
die Glocken hatte abgeschafft.

Da krächzte mal das Schienenteil:
"Du, bist du da nicht von den Socken,
die Leute ratschen alleweil,
die Stadt bekäme neue Glocken?"

"O weh", schluchzt da das andre Eisen:
"Wenn das so ist, lieber Freund,
so werden wir ins Gras bald beißen
und niemand eine Träne weint!"

Es kam die Zeit, sie ging auch wieder,
jedoch die Glocken kamen nie.
Vor Freude sangen Jubellieder
die beiden Freunde in der Höh.

Sie sprachen: "Mit uns Gottes Segen,
vergessen sei jetzt alles Leid!"
Und fangen leis an, sich zu regen,
und scheppern weiter wie vor Zeit.

Bumm und päng und päng und bumm
Scheppert es vom Turm herunter.
Ne Gasflasch und ein Schienentrumm,
die spielen Glocken. Weiter, munter!

(Kurz darauf wurde schon für die neuen Glocken gesammelt
und ca. 1 Jahr später sind sie bereits eingeweiht worden)

Eine Ode an die Wildsau

Gedichtet in der Nacht vom 15. Auf den 16. Dezember 1959
zum größten Teil von unserem Dichter und Bauern Josef Schäth und seinen
Sangesbrüdern vom Gesangsverein 1906.

Im Spessart lief ´ne Wildsau rum,
sie grunzte wie ein Unikum
Fürst Löwenstein hat sich gedacht,
das gibt ne große Wildsaujagd

Er schrieb an Fürsten, Prinzen, Baronen,
bewaffnet euch mit euern Kanonen.
Auch Philipp von England ward nicht vergessen,
er war auf eine Sau versessen.

Er saß gleich auf dem ersten Stand
und hat die Büchse schon gespannt.
Die Sau, die kam gleich angewetzt,
da hat er ihr eins auf Blatt geplätzt.

Der Rupperts Sepp kam angeflitzt
und hat dem Prinz die Sau stibitzt.
Er bracht sie in die "Krone" rein,
dort sollte wohl ein Festchen sein.

Der Brode Franz war auch nicht besser.
er wetzte schon sein langes Messer
und zog der Sau die Schwarte ab.
Die Inge, die war gleich auf Trab.

Die Inge stopft sie in den Topf
und machte Klöß so groß wie´n Kopf.
Mit Knoblauch, Zwiebeln und Muskat,
Bringt sie sie auf den richt´gen G´schmaak.

Der Xangxverein, der wartet mit Bangen,
mit knurrendem Magen und großem Verlangen.
Er denkt bestimmt, die Sau ist gut,
denn sie ward geschossen von blauem Blut.

Und da ging gleich die Türe auf,
der Dirigent spannt schon lange drauf.
Und auch die andern glotzen lüstern
und blasen so weit auf die Nüstern.

Da sitzen sie nun bei Klöß und Sau
und saufen Bier von der Martinsbrau.
Dazu auch noch ein blaues Kraut,
zum Schluss platzt ihnen fast die Haut.

Am Ende schaut sich alles um,
wie gut wär jetzt <u>noch</u> so ein Trumm?
Prinz Philipp, der wird nicht vergessen,
denn wir haben seine Sau gefressen.

Der Xangxverein, des is ein Chor;
er fraß die Sau mit Haut und Hoor.
Wir schreiben an Elisabeth:
"Schick Deinen Philipp öfters weg!"

Drum lasst euch diese Wildsau sein,
eine Aufmerksamkeit vom Verein.
Und sei die Kraft von diesem Essen
beim Neujahrskonzert nicht vergessen.

Spessarträuber

Spechte 1976

1. Es krochen einst im Spessartwald,
herum die Räubersleute,
sie machten die Reisenden kalt
und freuten sich der Beute.
Ein freies Leben führten sie,
bekamen nichts geschenkt,
nur eins war dumm: denn fing man sie,
so wurden sie gehenkt!

Refrain:
Mancher braucht das Räuberleben,
schert sich nicht um Hof und Haus.
Räuber wird es immer geben,
Räuber sterben niemals aus!

2. Es ritten einst im Spessartwald
herum die Edelleute.
Sie machten Hirsch und Säue kalt,
es türmte sich die Beute.
Das Volk jedoch, das Hunger hat,
kriegt keinen Teil davon.
Die Herren fressen sich schön satt,
das Volk hat Spott und Hohn!

Refrain: Mancher braucht das Räuberleben ...

40

3. Es fahren jetzt im Spessartwald
herum gewisse Leute.
Was sie da tun? Wir merken´s bald:
Der Spessart ist die Beute!
Es wird gemessen und geplant,
mal hier, mal da ein Stück,
und wenn die Großen abgesahnt,
dann kann der Wald verreck!

Refrain: Mancher braucht das Räuberleben...

4. Und die Moral von der Geschicht´:
Es gibt, wie stets, zwei Sorten.
Der Eine ist ein Bösewicht,
der Andre kriegt ´nen Orden.
Die großen Diebe decken sich,
uns kleine hängt man auf.
So war's und bleibt´s auch sicherlich,
ihr Spessartleut, passt auf!!

Refrain: Mancher braucht das Räuberleben...

Verabschiedung Dekan Karl Rost, am 06.12.1987
(Lied der Bänkelsänger)

1.) Vor reichlich 14 Jahren - kam Pfarrer Rost daher
Mit Blitz und Sturmesbrausen - zu uns Häde-felder.
Er baute sich ein Pfarrhaus - das alte war zu schlecht,
doch alte Handschriftnoten - die kamen ihm grad recht.

2.) Gar manche gute Sache - hat er bei uns bewegt,
auch nach Maria Buchen - die Wallfahrt angeregt.
Wir zogen betend, singend - dahin im Monat Mai,
fast alle war´n auf Achse - nur der Pfarr´ war nicht dabei.

3.) Er sprach: "Es ist genug doch - dass ich das hab
bewegt!"
Hat lieber sich mit´m Beinbruch - ins Krankenhaus gelegt.
Auch in den weit´ren Jahren - viel Müh macht ihm der Fuß
und freut sich trotzdem leise - dass er nicht mit der
Wallfahrt muss.

4.) Doch es geschah ein Wunder - im letzten Jahr ging´s
an,
Er wallte den Weg zur Hälfte mit - kurz drauf war er
Dekan.
Scheint's hat ihm das gefallen - er ging in diesem Jahr
den ganzen Weg und war kurz darauf - schon Domkapitular.

5.) Wie mir dan Karle kenne - <u>mit</u> ging er wieder gern.
Doch fröch´mer uns im Stille- was söll aus dam no wer´n?
Als nächstes wird bestimmt er - des Bischofs Baumei-ster,
un wenn er zwä-mol mitwallt - no öbbes Größe-rer.

6.) Das ist jo nit zu fasse - das hört ja nimmer uff.
Wenn er uff dere Lädder - steigt bis ganz ouwe nuff.
Mit ihm wär's jo sou schlimm nit - er is an klare Moo,
awer sein liebe Hausgeist - der guckt uns nömmer oo.

7.) Wir fleh´n zu Dir inständig - erfülle uns´re Bitt
Und geh im nächsten Juni - noch mal nau´ die Buche mit.
Dir sei auch voll beschieden - der Segen und das Glück,
doch täten wir auch bitten - um ein ganz kleines Stück.

8.) Wir wünsche uns nit viel hier - un wölle Dich nit plaach
ä bissle wär bloß nötig - an warme Bankbelaach.
Wer in den kalten Kirchen - schon frierend sesshaft war,
erhob sich oft mit einem - rückwärtigen Katarrh.

9.) Wir wallen gern im Sommer - mit Dir durch Feld und
Wald.
Jedoch in Winterszeiten - ist's uns am Hintern kalt.
Drüm teile daus´ die Buche - den Segen uns´res Herrn.
Lass uns des kläne Bröckle - Du därfst dann Bischof wer´n!

Summm, summ, summ, Bienchen summ herum

(Zur Imkertagung am 25.04.1998 in Esselbach)

1. Was summt und brummt in Wald und Flur
und fliegt von Blüt zu Blüte?
Ein kleines Wesen ist es nur: Soo kurz! Du meine Güte!
Und dünne Beinchen hat das Ding, statt Wadeln dicke Pollen;
Doch müssen wir dem Winzeling uns're Hochachtung zollen.
Refrain: Siehst du ein kleines Bienchen, sei still und freue dich!
Es gibt uns Wachs und Honig und auch den Bienenstich!

2. Sie bringt den Blütenstaub nach Haus als Futter für die Kleinen
und fliegt sogleich wieder raus so lang die Sonn' will scheinen.
Derweilen ihre Schwester drin tut alles in Ordnung brungen,
kümmert sich um die Königin, die Eier und die Jungen.
Refr.: Siehst du...

3. Aus ihren Rippchen schwitzt sie Wachs
und baut sechseck'ge Waben;
Sie ist die Meist'rin ihres Fachs und hat noch and're Gaben.
Sie hält von Feinden rein das Haus, von Dieben und dem Rauber,
schmeißt Drohnen und Faulenzer raus und hält den Staat so sauber!
Refr.: Siehst du...

4. Ein großes Lob dem Bienchen klein und dass wir Imker haben;
für'n Winter tun die Zucker rein und klau'n die Honigwaben.
Geschleudert wird die süße Tracht, in's Glas darauf gegossen
und alsodann mit viel Bedacht vom Schleckermaul genossen.
Refr.: Siehst du...

5. Für´s ganze Volk genüget schon, so man's tut recht beschauen
Ein einz´ger Mann, das ist der Drohn. All´s andere sind Frauen.
Für unsereins, und alsodann ganz gleich, ob man was tauget
ist es frustrierend, wenn ein Mann nur einmal wird gebrauchet!
Refr.: Siehst du...

6. Der Herrgott hat es eingericht´t, dass wir als Mensch geboren,
Doch sollten wir verzagen nicht, denn es ist nicht´s verloren.
Denn auch für uns, mit süßem Mund, man sollte es nicht meinen,
gibt´s kesse Bienchen, schwarz und blond und mit 2 laaaangen Beinen.

Refr.: Küsst du ein blondes Bienchen, sei still und freue dich:
Es gibt nicht Wachs, noch Honig und isst den Bienenstich!

Zum 60. Geburtstag von Landrat Armin Grein
am 21. April 1999

1.) Kurz vor dem Krieg (damals war er noch nicht verloren), da
wurd´ in Ascheberch ein Knäbelein geboren.
Das war ein ganz verschrumpelt Kind
und klein, wie halt die Babys sind.
Doch schon am ersten Tag
hört man's durch Franken schrei´n:
"Aus mir, do wird emol der Landrat Grein!"

2.) Tatsächlich ist der Schrumpi aufgewachsen,
es wurden länger Arm, Gesicht und Haxen!
Und was man hielt für möglich nicht:
er wurde hübsch von Angesicht!
Und trotzdem ließ der Kerle nie sein Schreien sein:
"Aus mir, do wird emol der Landrat Grein!"

3.) Er kam zur Schule und in das Gymnasium;
Sämtliche Frauenzimmer drehten sich schon nach ihm um!
Er war nicht nur von Anblick schöö,
sein Lächeln all´ bezauberte!
Und trotzdem ließ Apollo nie sein Flöten sein:
"Aus mir, do wird emol der Landrat Grein!"

4.) Jedoch so einfach war das nicht, wie er gedacht -
ein Landrat wird nicht auf der Universität gemacht!
Er fing die Sach´ von unten an
und wurde Volksschullehrer dann.
Doch zähneknirschend schwört das Dorfschulmeisterlein
"Aus mir, do wird emol der Landrat Grein!"

5.) In Unterwittbach war er Oberlehrer bald
und hat sogleich sich in die Lehrerin verknallt!
Die Schönste und der Schönste da -
das gab ein schönes Trullala!
Nur hört´ die Martha ihn statt´m Brunftschrei dauernd
schrei´n:
"Aus mir, do wird emol der Landrat Grein!"

6.) Doch siehe da, das Schicksal hat's gewollt,
dass er in Hädefeld Bürgermäster werden sollt´!
Er hing sich rein mit frohem Mut
und viele meinten: Er macht´s gut!
Doch in der Seele tief, da glimmt ein Fünkchen klein:
"Aus mir, do wird emol der Landrat Grein!"

7.) Und in der Tat, mer soll´s nit gläb, er macht sich
im Frühjahr neunzehnhundertvierundachtzig
Als Kandidat für´n Landrat heiß
und siegte knapp, wie jeder weiß.
Sein Endziel war erreicht. Er hatte eig´nen Wein!
Die Freud war riesengroß beim Landrat Grein!

8.) Seitdem regiert er, meistens unverdrossen
in MSP mit allen Farben und Genossen.
Wenn mancher auch dazwischenfunkt -
der Landrat bringt´s schon auf den Punkt!
Er hätt jo könn ein ganz ein guter Lehrer sein;
Doch is er uns aa raacht als Landrat Grein!

9.) Im letzten Jahre fast der Übermut ihn küsste;
es überkamen ihn so bayrische Gelüste.
Doch diesmal hat er Pech gehabt,
zu unserm Glück hat's nicht geklappt!
Und wir behalten unsern Landrat Armin Grein;
er reimt am besten sich auf Main und Wein!

Weihnachten

Der Stall

Des Wetter hett aa ä wenni besser sei könn!
Än ganze Tach hots awi-gemacht:
Rääche un Wiend,
un als emol ä wenni Schnee däzwische,
awer liechegebliebe is der nit!

Kalt is es un nass.
Kä Haslä traut sich aus´m Waald
un von der Raabhür siehste scho gar ness mehr.
Bloß düwe uff´m Gipsmüller sei´m Wässacker, ganz hinne,
zetere vier oder fünf Kracke.

Änn ganz alte Staal is es. Kä Tür mehr dro
un durch die verfaulte Schinnel tropft´s in äner Tour.
Die Leut höm awer doch no ä trockns Eck derwüscht,
der Wiend is do aa nit sou richti hi kumme.

Die Fraa sitzt uff´re Börde Stroh un naacht an äm Ranke
Brot rüm.
Aus´m Hafele mit Millich nimmt sie alsemol än kläne
Schluck, dass des Brot besser rutscht.

Der Moo steht bloß sou do un guckt.
Guckt uff des kläne Kiend, des do vor em im Raaf liecht
un schlöfft.

Eichentli sieht er jo gar nit viel von dam Kiend.
Neiere alti Gäulsdecke isses gewickelt, dass es ja nit
friert.
Bloß die Aache un des Naslä spitze no ä wenni rau.
Awer der Moo wird gar nit fertig' mit'm gucke.
Sou war em no nie üms Herz.

Ganz hinne im Eck liecht der Äisl un kaüt.
Un glotzt, als könnt er gar nit begreif,
was do überhaupt geschah is.

Debei is des doch sou leicht zu begreife!

Oder?

Die Hirten

Uff ämol iss Ruh.
Der Wiend, der immerzu seit Tage gange iss, iss wech.
Känn Rääche mehr, kann Schnee.
´s iss grad, als würd ä guti Fee die Hand ausstreck.

Die Hirte senn betroffe, stumm,
der Hund gaüzt aus Verwunderung.
Ihr Feuer, vorher am Lebe g´halte mit Not,
jetz kerzegrad zum Himmel loht!

Un hell wird´s uff ämol om Firmament,
heller un heller, als ob brönnt -
Un <u>doo</u> iss der Stern, genau über damm Staal -
un ein Gedöns iss überall;
Hüwe unn düwe un in der Höh
klingt´s wie dausend Flöte, sou schöö!

Do hilt´s die Hirte nömmer beim Pferch!
Sie laffe un renne - nü, wo om Berch
ganz hell unnerm Stern die Scheuer steht
un finne des Kiend - iss des eini Frääd!

Sou glückli senn der Moo un die Fraa
un überall des Gloria!

Danne Hirte wird´s sou weit do inne;
Sie süche, ob sie ness zum schenke finne.

Viel isses nit. Ä wenni Speck un Kees,
die Kerli hömm doch salwer ness.
Awer des bissle, was sie könne entbehr,
des tun sie dam klänne Kiend verehr.

Sou seelich senn sie, weil von der Wääd
der Stern sie hot zum Heiland g´führt.
D i e Nacht, d i e Liebe un d i e Frääd!
Die Hirte wisses, die höm´s g´spürt!

Silvester

Des Johr is rüm soweit,
mit Fräd un Leid war's voul.
Ich wäss, es is jetzt höchste Zeit,
dass es der Deifel hohl.

HALT, nää, sou war des nit gemäänt,
sonst müsst i mich jo scham.
Ich möcht halt, dass des Johr am End
der Herrgott zu sich nahm.

Dass besser wird des Neue Johr
un aa ä wenni lichter;
druff hoff ich halt mit Haut un Hoor
wie sallesmol der Dichter:

Im Neuen Jahre Glück und Heil,
aus Weh und Wunden gute Salbe,
auf groben Klotz ein grober Keil,
auf einen Schelmen anderthalbe!

Nei´s Bett geh! (kurz und knapp)

a) ´S Annle is no gar nit müd -
es möcht no uff geblei -
Di Modder hot scho dreimal g´sacht:
"´S is Zeit, jetz gehste nei!!"

´S Annle knört un will nit hör -
die Modder kricht ihr´n Zoff:
"Ab jetz mit dir, du frachi Gör;
Bieß, batt un schloff!"

b) Der Ludwich unn die Nachbarskinner
spiele dauße uff der Gasse.
Sou langsam kümmt die Naacht, un hinner
der Fanster wer´n die Rolloo scho raagelosse.

"Ludwich!! Schluss jetz, höchsti Zeit!"
"O Mame, ich möcht no uff geblei!"
Doch rigoros die Modder schreit!
"Höm, nuff, un nei!"

Also dann - ab etz und - Gut Nacht!